ABRÉGÉ DE LA GÉOGRAPHIE
SACRÉE. — 1827.

ABRÉGÉ

DE LA

GÉOGRAPHIE

SACRÉE,

OU DESCRIPTION DES PAYS

ET

DES ENDROITS

DONT IL EST PARLÉ DANS LES SAINTES-ÉCRITURES,

Orné de la carte de la Terre-Sainte;

A L'USAGE DES MAISONS D'ÉDUCATION.

PARIS,

DE L'IMPRIMERIE D'AUG. DELALAIN, LIBR.-ÉDIT.,
rue des Mathurins-St.-Jacques, n° 5.

1827.

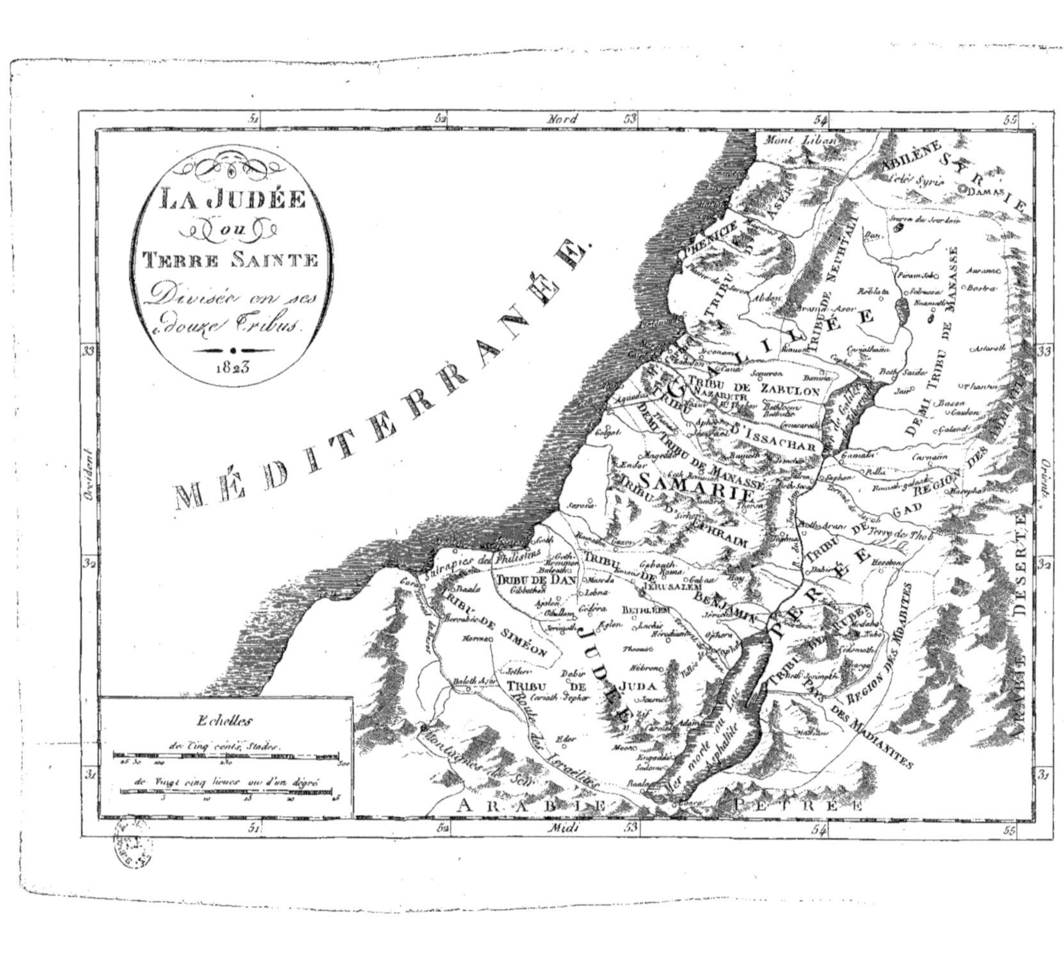

LA JUDÉE
ou
TERRE SAINTE
Divisée en ses
douze Tribus.
1823

MÉDITERRANÉE

Nord
Midi
Orient
Occident

Echelles
de Cinq cents Stades.
de Vingt cinq lieues ou d'un degré.

Mont Liban
ABILÈNE
SYRIE
DAMAS
GALILÉE
PHÉNICIE
TRIBU D'ASER
TRIBU DE NEPHTALI
DEMI TRIBU DE MANASSÉ
TRIBU DE ZABULON
NAZARETH
D'ISSACHAR
DEMI TRIBU DE MANASSÉ
SAMARIE
EPHRAIM
TRIBU DE
PERÉE
RÉGION DES
TRIBU DE GAD
TRIBU DE
JÉRUSALEM
BENJAMIN
TRIBU DE DAN
TRIBU DE SIMÉON
JUDÉE
JUDA
TRIBU DE RUBEN
RÉGION DES MOABITES
PAYS DES MADIANITES
Mer morte ou
Asphaltide
ARABIE DÉSERTE
ARABIE PÉTRÉE
Montagnes de Séir
Route des Israélites
BETHLÉEM

ABRÉGÉ

DE LA

GÉOGRAPHIE SACRÉE.

La Géographie Sacrée doit être naturellement divisée en deux parties.

La première regarde les premiers âges du monde et les lieux où ont demeuré les patriarches, soit ceux qui sont les pères du genre humain, soit en particulier ceux qui sont les chefs du peuple d'Israël, que Dieu a fait dépositaire de ses volontés sur les hommes, et qu'il a consacré à son service, pendant que les autres nations s'abandonnaient entièrement à l'idolâtrie. On y a joint quelques lieux éloignés de la Judée, dont les livres saints ont fait mention.

Dans la seconde partie, il est question de la *Judée*, qu'on a appelée *Terre-Sainte*, depuis que Jésus-Christ l'a sanctifiée par ses mystères. On y indique les différentes divisions qui ont été faites de ce pays, suivant les révolutions successives qu'il a éprouvées. Elle contient aussi quelques remarques sur les peuples voisins dont l'histoire se trouve mêlée avec celle des Israélites, ou les Hébreux et Juifs.

PREMIÈRE PARTIE.

Géographie des Patriarches ou des premiers âges du monde, avec l'indication des principaux endroits des mêmes pays où il est arrivé quelque événement célèbre pendant la captivité, et même au commencement de la prédication de l'Evangile par les apôtres.

Dans cette partie de la géographie sacrée, on considère principalement treize pays de l'Asie *occidentale*, qui sont renfermés entre le Pont-Euxin ou *mer Noire*, la mer Caspienne, la partie la plus orientale de la mer Méditerranée, la mer Rouge, et le golfe Persique. C'est dans cette espèce de carré que se sont passés les faits rapportés dans l'Histoire-Sainte.

On y trouve au nord trois pays : l'*Arménie*, à son orient, la *Médie*, à son occident, l'*Asie mineure*.

Au milieu, six pays ; le *Pays de Canaan*, appelé dans la suite *Judée* et *Terre-Sainte*, la *Phénicie*, le *Pays d'Aram* ou la *Syrie*, la *Mésopotamie*, l'*Assyrie*, la *Babylonie*.

A l'orient, le pays d'*Elam* ou la *Perse*.

Au midi deux pays, l'*Egypte* et l'*Arabie.* A l'occident était l'île de *Cypre*, dont il n'est parlé dans l'Ecriture-Sainte qu'à l'occasion des prédications de saint Paul à *Salamine* et à *Paphos*, où il convertit le proconsul *Sergius Paulus ;* c'est pourquoi nous n'en dirons rien davantage.

Les endroits des pays dont nous venons de parler, les plus célèbres par rapport à l'histoire et à la géographie sacrée, sont :

1. *Dans l'Arménie et le voisinage.*

EDEN, pays où était le PARADIS TERRESTRE, dans lequel le premier homme fut mis aussitôt après sa création. Le sentiment le plus probable est que le Paradis terrestre était dans l'Arménie. Quelques-uns supposent qu'il était dans la Babylonie, et d'autres dans la Judée. On trouve dans l'Arménie les sources des quatre fleuves dont parle Moïse ; savoir, l'*Euphrate*, le *Tigre*, le *Phison* et le *Géhon*. Il n'y a aucun doute sur les deux premiers ; et les deux derniers peuvent être reconnus par le témoignage des plus anciens géographes, Hérodote et Xénophon.

ARARAT, montagne très-haute, sur laquelle s'arrêta l'arche de *Noé*, lors du déluge universel qui fit périr tout le genre humain, à l'exception de *Noé* et de ses trois fils, *Japhet*, *Sem* et *Cam*, qui ont repeuplé la terre, et qui sont les pères de tous ceux qui l'habitent aujourd'hui.

Japhet, l'aîné, eut sept enfans : Gomer, Magog, Madai, Javan, Tubal, Mosoch et Thiras. SEM eut cinq enfans : Elam, Assur, Arphaxad, Lud et Aram. CAM eut quatre enfans : Cus, Mezraïm, Phut et Canaan.

Lud, quatrième fils de *Sem*, paraît avoir eu son partage dans la partie occidentale de l'Arménie, et près des sinuosités que l'Euphrate fait vers sa source ; ce qui a rapport au nom *Lud*, duquel peuvent être venus dans la suite les Lydiens, anciens peuples fameux de l'Asie mineure.

Arphaxad, troisième fils de *Sem*, et l'un des aïeux d'*Abraham*, habita au midi de l'Arménie, et dans les contrées voisines. Ses descendans par *Jectan* traversèrent apparemment la Perse, et allèrent les uns aux Indes, les autres dans l'Arabie méridionale, pendant que ceux qui descendaient de *Phaleg*, demeurèrent près du Tigre et dans la Mésopotamie septentrionale. Ce fut dans ce dernier pays que Dieu appela *Abraham*, de qui viennent les Hébreux ou les Juifs, et une grande partie des Arabes, entre autres les *Is-maélites*.

II. *Dans la* MÉDIE.

Madaï, troisième fils de Japhet, y eut son partage et lui donna son nom : ainsi, il est le père des *Mèdes*, anciens peuples fameux de l'Orient, qui se sont unis aux Perses.

ECBATANE était la capitale, (l'*Hamadan* d'aujourd'hui). Ce fut là que le jeune *Tobie*, pendant la captivité, épousa la jeune *Sara*, ayant été conduit en ce pays, de Ninive dans l'Assyrie, par un ange.

III. *Dans l'*ASIE MINEURE.

Gomer, fils aîné de *Japhet*, paraît avoir demeuré d'abord dans la partie septentrionale, et voisine du Pont-Euxin, d'où ses descendans ont passé en Europe, et se sont étendus peu à peu jusqu'aux parties les plus occidentales. Ainsi il doit être regardé comme le père des premiers habitans de la Hongrie, de l'Allemagne, de la France, etc. En Angleterre son nom semble encore se conserver dans celui de la langue des Gallois, laquelle s'appelle langue de *Comraeg*. C'est l'ancien celte ou gaulois, la même langue que celle des Bas-Bretons en France.

Javan ou *Ion*, quatrième fils de *Japhet*, eut son partage au midi de l'Asie Mineure, et fut le père des *Grecs* ou *Ioniens*, qui, étant passés en Europe par les îles de l'*Archipel*, peuplèrent la Grèce, et ensuite l'Italie méridionale. Alexandre, auteur de la troisième des grandes monarchies anciennes, est appelé dans l'Écriture-Sainte roi de *Javan* ; et la Macédoine, dont il était originairement roi, avant que d'avoir réduit toute la Grèce sous sa puissance, y est nommée *Céthim* : c'était le nom de l'un des fils de Javan.

Ces deux fils de Japhet sont, avec *Magog* et *Madaï*, les plus illustres ; et c'est pour cela qu'on en doit faire une mention particulière. Ils eurent encore trois autres frères, qui paraissent avoir habité d'abord avec eux dans l'Asie Mineure, savoir :

Thiras (septième et dernier fils) fut le père des *Thraces*, s'étant établi dans la partie de l'*Europe* la plus voisine de l'Asie Mineure, près de la Propontide ou mer de Marmara.

Tubal et *Mosoch* (cinquième et sixième fils de Japhet) allèrent s'établir au nord-est, entre l'Arménie et le Pont-Euxin, et furent les pères des nations qui se mêlèrent avec les Scythes, descendans de *Magog*. Plusieurs auteurs ont remarqué que les *Mosques* et les *Tibaréniens*, de qui sont venus les Ibériens et les Géorgiens, habitaient autrefois en cet endroit.

Tarse, au sud-est de l'Asie mineure; c'est la patrie de l'Apôtre saint Paul. Elle subsiste encore comme la suivante.

Icone, au milieu; c'était l'une des principales villes de l'Asie mineure, et où ce même apôtre prêcha d'abord l'Evangile, avant que de s'avancer plus à l'occident. On l'applle aujourd'hui *Cogny*.

Dans ce même pays (de *l'Asie mineure*) étaient, à l'extrémité occidentale, en tirant au sud, les sept églises dont saint Jean parle dans l'Apocalypse; savoir: *Ephèse*, métropole, *Smyrne, Pergame, Thyatire, Sardes, Philadelphie* et *Laodicée*.

Au milieu, vers le nord, et près du Pont-Euxin, étaient les *Galates* (ou Gaulois), descendans de *Gomer*. Ils allèrent s'établir en ce lieu environ 260 ans avant Jésus-Christ; saint Paul leur a prêché l'Evangile. Une de ses épîtres leur est adressée.

IV. *Dans le Pays de* Canaan, *appelé depuis* Judée.

Canaan, quatrième fils de *Cam*, eut son partage dans ce pays, et lui donna son nom. Ses enfans en furent dépossédés par les Israélites; mais il en resta dans le voisinage, comme on le dira plus bas. Il faut observer auparavant, que des onze enfans de Canaan sortirent autant de peuples, qui étaient réduits dans ce pays à sept, lorsque les *Hébreux* en furent mis en possession par Josué, les autres s'étant alors répandus ailleurs. On nommera ces sept peuples dans la description de la Judée, ainsi que les villes *royales* qu'ils y avaient.

Remarquons ici les villes les plus célèbres dans l'histoire des patriarches Abraham, Isaac et Jacob.

SICHEM, près de laquelle demeura Jacob, et où il acquit un champ qu'il laissa à *Joseph* l'un de ses douze enfans.

BETHEL, où Jacob vit en songe une échelle mystérieuse.

SALEM, appelée depuis *Jébus* et ensuite *Jérusalem* : c'était la demeure du roi *Melchisédech*, prêtre du Très-Haut, qui bénit Abraham.

Le mont MORIA, ou CALVAIRE, près de Jérusalem. On croit que ce fut là qu'Adam fut enterré : Isaac y fut sacrifié en figure, et Jésus-Christ y fut crucifié.

BETHLÉEM, appelée d'abord *Ephrata*, près de laquelle mourut *Rachel*, l'une des femmes de Jacob.

HÉBRON, et BERSABÉE, } dans le voisinage desquelles demeurèrent long-temps Abraham, Isaac et Jacob.

LA MER MORTE, à l'orient de ces deux dernières villes, n'existait pas avant le temps d'Abraham. Il y avait en cet endroit une vallée délicieuse ; mais Dieu, pour punir les crimes de ses habitans, détruisit leurs villes par une pluie de feu qui les consuma.

SODOME en était la principale. Avant sa destruction, deux anges en firent sortir Loth, neveu d'Abraham.

Les PHILISTINS, descendans de *Mesraïm*, second fils de *Cam*; ils habitaient au sud-ouest du pays de Canaan, et près de la mer Méditerranée. Il sera parlé dans la suite plus en détail des Philistins.

GERARE était la capital et la résidence de leur roi, du temps d'Abraham et d'Isaac ; elle était peu éloignée de Bersabée.

V. *Dans la* Phénicie.

Les peuples qui l'occupaient sont nommés, dans l'Écriture-Sainte, *Cananéens* ; les Grecs les appelèrent *Phéniciens*, à cause des palmiers qu'ils trouvèrent chez eux. Ils faisaient un grand commerce : aussi le nom de Canaan signifie *marchand*, en hébreu. Ils se sont rendus célèbres par leur navigation, et par les colonies qu'ils ont établies autour de la mer Méditerranée et sur les côtes de l'Océan. Ils y portèrent les caractères alphabétiques de l'écriture, que l'on croit être ceux de l'ancien hébreu ou du samaritain.

Sidon ou Tyr étaient les principales villes de la Phénicie. La première fut bâtie par Sidon, fils aîné de Canaan. La seconde était la résidence du roi *Hiram*, ami du roi David et de Salomon, à qui il envoya des bois du mont Liban pour bâtir le temple de *Jérusalem*. Il y eut dans ces deux villes des chrétiens de fort bonne heure ; et saint Paul visita ceux de Sidon, en allant à Rome.

VI. *Dans le pays* d'Aram *ou de* Syrie.

Aram, cinquième et dernier fils de *Sem*, habita dans ce pays ainsi que dans une partie de la Mésopotamie. Il paraît que les *Phéniciens* ou *Cananéens* se répandirent au midi de la Syrie, puisque les auteurs grecs disent que Syrus, qui lui donna son nom, était fils de *Phénix*, et que d'ailleurs les Romains appelèrent la partie méridionale de la Syrie, *Phénicie du Liban* ou de *Damas*.

Liban, chaîne de montagnes, qui avait autrefois de très-beaux cèdres, et où l'on en voit encore quelques-uns. On se servit de ces bois pour bâtir le temple de Jérusalem.

Damas, au midi, était la capitale des premiers rois de Syrie, qui furent assujettis par David et par Salomon, mais qui, s'étant relevés ensuite, opprimèrent les rois d'Israël.

PALMIRE *ou* TADMOR, à l'orient, dans un petit pays très-fertile, mais tout environné de déserts sablonneux. Cette ville fut bâtie par *Salomon*, dont le royaume s'étendait de ce côté jusqu'au fleuve Euphrate. Elle a été très-célèbre dans le troisième siècle, du temps d'O-dénat et de Zénobie. On y voit encore les ruines les plus magnifiques.

ANTIOCHE, au nord, sur l'Oronte, qui est appelé aujourd'hui *Narh-el-Asi*. C'était la capitale des seconds rois de Syrie, successeurs d'*Alexandre*, et qui ont porté la plupart le nom d'*Antiochus* : ils affligèrent beaucoup les Juifs, surtout du temps des Machabées. Ce fut dans Antioche que ceux qui crurent à la prédication des apôtres, prirent les premiers le nom de chrétiens.

VIII. *Dans la* MÉSOPOTAMIE.

LES PLAINES DE SENNAAR, au midi : elles s'étendaient aussi dans la Babylonie, entre le *Tigre* et *l'Euphrate*, qui est appelé dans l'Ecriture, le *grand Fleuve*. Les hommes étaient réunis dans ces plaines avant la confusion des langues; mais lorsqu'ils eurent commencé à bâtir la *Tour de Babel*, Dieu, en confondant leur langage, les força de se disperser pour peupler la terre. *Babel* signifie confusion.

UR, *des Chaldéens*, au nord : c'était la patrie du patriarche *Abraham*, qui descendait d'*Arphaxad* troisième fils de *Sem.*

HARAN, aussi au nord, mais vers l'occident. Ce fut là que mourut *Tharé*, père d'Abraham, et qu'arriva ensuite ce qu'on appelle la *Vocation d'Abraham*, lorsque Dieu lui commanda de sortir de son pays et de sa parenté, pour aller dans la terre qu'il lui montrerait, et qu'il lui promit ensuite de donner à sa postérité (c'était le *pays de Canaan*). Abraham envoya dans la suite chercher à *Haran* une fille de sa parenté pour la faire épouser à son fils Isaac (ce fut Rebecca) : et Jacob y étant allé, y demeura vingt ans, et y épousa deux de les parentes, Lia et Rachel.

La *Mésopotamie* a eu un roi nommé *Chusan-Rasathaïm*, qui mit les *Hébreux* en servitude après la mort de *Josué*.

CABORAS, rivière fameuse par les visions prophétiques qu'eut dans son voisinage *Ezéchiel*, pendant la captivité des enfans d'Israël.

VIII. *Dans l'*ASSYRIE.

Assur, second fils de *Sem*, eut ce pays en partage, et lui donna son nom, comme aux *Assyriens*. Ces peuples, avec les *Babyloniens*, ont formé la première des quatre grandes monarchies anciennes.

NINIVE, *capitale*, appelée la *Grande*, dès le temps de Moïse. Le prophète *Jonas* y vint par la suite prêcher la pénitence. Ce furent les rois de ce pays qui détruisirent le royaume d'Israël, et emmenèrent les dix tribus qui le composaient, en captivité dans leurs états, au-delà de l'Euphrate : c'est ce qui fit que Tobie, entre autres, demeura et mourut à Ninive.

IX. *Dans la* BABYLONIE.

La TOUR DE BABEL, d'où se fit, après le déluge, la dispersion des hommes, alors partagés en trois races, issues des trois fils de Noé. Les enfans de SEM s'établirent au milieu de l'Asie et à l'orient : ceux de CAM, vers le sud-est et en Afrique : ceux de JAPHET, à l'occident et en Europe, comme au nord de l'Asie.

Cus, fils aîné de *Cam*, demeura dans la Babylonie avec ses enfans, qui se répandirent ensuite dans le voisinage, mais surtout en *Arabie*, d'où ils passèrent en Afrique avec leurs frères. Le nom de Cus subsiste encore dans un pays à l'orient de l'embouchure de l'Euphrate et du Tigre, qui se nomme *Cusistan*.

BABYLONE, *capitale* de la Babylonie. Cette ville était le siége de *Nemrod*, fils de *Cus*, qui y érigea le premier royaume. Elle fut dans la suite augmentée et embellie par son roi *Nabuchodonosor*. C'est ce prince qui détruisit le royaume de Juda, et qui en transporta les habitans en captivité dans ses états, environ 600 ans avant Jésus-Christ.

X. *Dans le pays d'*ELAM *ou la Perse.*

Elam, fils aîné de *Sem*, eut son partage dans ce pays, qui du temps d'Abraham avait un roi très-puissant, nommé *Chodor - Laomor*. Ce prince s'assujettit une partie du pays de Canaan, et étant venu y faire la guerre avec trois rois de ses voisins (entre autres celui de Sennaar ou de Babylone), il fut défait par Abraham.

SUSE, qui devint dans la suite la capitale du pays d'Elam ou de la Perse. Ce fut en cette ville que, pendant la captivité, arriva l'histoire d'*Esther* et de *Mardochée*. *Daniel* y demeura aussi, et y eut ses visions prophétiques sur les quatre grandes monarchies des *Babyloniens*, des *Perses*, des *Grecs* et des *Romains*, ainsi que sur l'empire spirituel du Messie, dont le temps précis lui fut révélé.

XI. *Dans l'*EGYPTE.

Mezraïm, second fils de *Cam*, demeura en ce pays, d'où l'idolâtrie s'est répandue partout. *Cam* paraît y avoir été adoré sous le nom de Jupiter Hammon, et l'Egypte est quelquefois appelée la *Terre de Cam*.

Phut, troisième fils de *Cam*, après avoir demeuré quelque temps avec son frère en Egypte, passa à l'occident dans la *Cyrénaïque*, et ensuite ses enfans s'avancèrent plus loin sur la côte septentrionale de l'Afrique, qu'on nomme aujourd'hui *Barbarie*. De là vient que les pays de Fez et de Maroc se nommaient autrefois *Phut*.

GESSEN, partie orientale de la Basse-Egypte, et à la droite du Nil. Joseph, devenu le premier ministre du royaume, y fit venir et demeurer les Israélites ses frères, avec Jacob, ou *Israël*, son père.

RAMESSÈS, ville bâtie par les Israélites, durant leur

servitude, et d'où ils partirent pour sortir de l'Egypte, et passer la mer *Rouge*, sous la conduite de Moïse.

Tanis, capitale de l'Egypte du temps de Moïse, qui y fit ses miracles, pour forcer le roi Pharaon à laisser sortir les Israëlites de l'Egypte.

Memphis, depuis *capitale*, et contre laquelle les prophètes ont prédit les grands maux qui devaient arriver à l'Egypte de la part de Nabuchodonosor et du roi de Perse. Cette ville était vis-à-vis le *Caire*, aujourd'hui *capitale*, et qui est à la droite du Nil. Les fameuses pyramides qui se voient encore en Egypte avec étonnement, étaient près de Memphis.

Alexandrie, *capitale*, sous les rois grecs d'Egypte, successeurs d'Alexandre. Saint Marc y vint prêcher l'Évangile, et en fut le premier évêque.

XII. *Dans l'*Arabie.

Cus, fils aîné de *Cam*, demeura en partie dans ce pays, d'où plusieurs de ses enfans passèrent en Afrique.

Jectan, ou plutôt quelques-uns de ses fils, qui descendaient de *Sem* par *Arphaxad*, vinrent s'établir au midi de l'Arabie, dans la partie appelée l'*Arabie heureuse*.

Moab et *Ammon*, fils de *Loth*, neveu d'Abraham, demeurèrent dans la partie occidentale, comme ceux qui suivent.

Edom ou *Esaü*, frère de Jacob, fut père des *Edomites* ou *Iduméens*, et des *Amalécites*.

Hus, pays de *Job*, était dans leur voisinage, vers l'orient.

Madian et les autres descendans de *Céthura* et d'Abraham, habitèrent aussi dans la même contrée, plus au midi. Moïse s'y retira pour éviter la persécution d'Egypte : il y demeura quarante ans, et épousa *Séphora*, fille de *Jéthro*, qui était l'un des princes de Madian, et prêtre du Seigneur.

Ismaël et ses douze fils, descendans d'*Agar* et d'Abrahani. Les Ismaélites se sont rendus maîtres de toute l'Arabie, et ont vérifié jusqu'à nos jours la prophétie faite à la naissance d'Ismaël, leur père, qu'il serait un homme fier et sauvage, et qu'il leverait la main contre tous. (*Genèse, chap.* 16.). On peut voir sur cela le dernier volume du *Spectacle de la Nature*, par Pluche. Les Ismaélites ou Arabes se sont répandus à l'orient, sur les côtes de l'Asie, jusqu'aux îles *Moluques*, et à l'occident, sur les côtes d'Afrique, jusqu'à *Sofala*, et de plus, partout où a été porté, par les armes, la religion mahométane, qui a pris naissance parmi eux l'an 622 de Jésus-Christ.

Toutes ces différentes peuplades faites en *Arabie*, dont nous venons de parler, donnent lieu de croire que la vraie signification de son nom est, *pays de peuples mêlés ensemble*, comme cela est arrivé en effet.

Le Désert où *les Israélites voyagèrent pendant quarante ans*, après avoir passé la *mer Rouge*, est la partie occidentale de l'Arabie, que l'on a nommée ensuite *Arabie Pétrée*. Toute la génération des Israélites qui était sortie d'Egypte, périt dans ce désert, à cause de ses murmures continuels ; et il n'y eut que deux hommes de cette génération qui entrèrent dans la *Terre promise*, savoir : *Josué et Caleb*. Il faut remarquer dans ce *désert* trois choses principales : 1°. les *Fontaines de Moïse*, dont les eaux furent rendues douces, d'amères qu'elles étaient auparavant ; 2°. les *Mont Sinaï et Oreb*, où la loi fut donnée cinquante jours après la sortie d'Egypte ; (dans la suite le prophète *Elie* s'y retira, pour éviter la persécution de *Jésabel*, reine d'Israël) : 3°. le lieu où fut élevé le *serpent d'airain*, qui était la figure de Jésus-Christ, notre médecin et notre rédempteur.

Elath et Asiongaber, ports de la mer Rouge, d'où partaient les flottes de Salomon, dont le royaume s'étendait jusque là, pour aller faire le commerce de l'or à *Ophir*, que l'on croit être *Sofala*, sur la côte de l'Afrique au sud-est. Les rois d'Israël continuèrent ce commerce, dont les rois de Syrie s'emparèrent ensuite.

PAYS DE SABA, ou l'*Arabie Heureuse* : ce fut de là que partit cette reine qui vint voir le roi Salomon et admirer sa sagesse.

PAYS DES MAGES, qui vinrent adorer JÉSUS-CHRIST naissant dans l'étable de Bethléem, conduits par une étoile miraculeuse. Plusieurs textes de l'Écriture donnent lieu de croire qu'ils étaient rois en Arabie. Le nom de *Mages* prouve qu'ils étaient de la religion de Perse, et par conséquent dans son voisinage.

Saint-Paul ayant été miraculeusement converti près de Damas, se retira ensuite en *Arabie*, où il demeura trois ans.

Autres pays éloignés, dont il est parlé dans l'Écriture-Sainte.

TARSIS : ce nom paraît convenir à plusieurs lieux maritimes, où se faisait quelque commerce ; mais le plus célèbre était le pays le plus occidental, savoir l'*Espagne*. *Jonas s'embarqua à Joppé* pour y aller, au lieu de se transporter à Ninive, qui était vers l'orient, comme Dieu le lui avait ordonné.

OPHIR : on a déjà dit que c'était la côte orientale de l'Afrique, vers *Sofala*, où se faisait le commerce de l'or, comme il s'y fait encore, la plus grande quantité d'or se tirant du mont *Fura*. Ce fut par ce moyen que David et Salomon amassèrent de grandes richesses, pour bâtir un temple magnifique au Seigneur.

JAVAN : c'est proprement le nom de la *Grèce*, qui forme aujourd'hui la partie méridionale de la *Turquie Européenne*.

CETHIM, était l'ancien nom de la *Macédoine*, au nord de la Grèce.

ELISA, pays fameux par ses manufactures de pourpre, dont les prophètes ont parlé : c'est l'*Élide*, qui faisait partie du *Péloponèse*, aujourd'hui la *Morée*, au midi de la Grèce.

LACÉDÉMONE, ville considérable du *Péloponèse*, avec laquelle les Juifs firent alliance du temps du grand-prêtre Onias et des Machabées. Les Lacédémoniens leur avaient écrit d'abord, ayant trouvé dans leurs archives qu'ils étaient frères, comme descendant également d'Abraham. Ce furent apparemment des Iduméens qui contribuèrent à la fondation de Lacédémone.

ROME, en Italie. Les Juifs firent alliance avec les Romains du temps de Judas Machabée. Dans la suite, Pompée, général des troupes romaines, rendit la Judée tributaire; et 110 ans après, (c'est-à-dire, l'an 70 de Jésus-Christ), Titus, fils de l'empereur Vespasien, détruisit la ville de Jérusalem, et exerça sur la nation juive les jugemens de Dieu, qu'elle avait irrité en rejetant JÉSUS-CHRIST son fils, le véritable Messie.

SECONDE PARTIE.

DESCRIPTION DE LA JUDÉE *ou* TERRE-SAINTE.

LA Judée est bornée, au nord, par la Phénicie et le mont Liban, qui la sépare de la Syrie : à l'orient, par les monts Hermon, Sanir et Galaad (1), et par l'Arabie ; au midi, par le mont Séir, et l'Idumée ou l'Arabie Pétrée ; et à l'occident, par la mer Méditerranée.

Elle s'étend depuis le trente-unième degré de latitude septentrionale, jusqu'au trente-troisième trente minutes, et depuis le trente-deuxième jusqu'au trente-quatrième trente minutes de longitude.

Elle a été nommée :

1. *Terre de Canaan*, parce qu'elle fut d'abord habitée par des Cananéens ; et l'on y comptait sept peuples divisés en trente-six royaumes, lorsque les Israélites s'y établirent sous Josué, environ 1450 ans avant Jésus-Christ.

2. *Terre promise*, parce que Dieu avait promis de la donner à la postérité des patriarches Abraham, Isaac et Jacob, qui y vécurent comme étrangers.

3. *Terre des Hébreux ou Israélites*, depuis Josué, qui la divisa en douze tribus.

4. *Royaume de Juda*, *et royaume d'Israël*, depuis Roboam, fils de Salomon. Le royaume de Juda, qui resta à ce prince et à sa postérité, ne contenait que le partage des tribus de *Juda* et de *Benjamin* ; celui d'Israël était composé des dix autres tribus. Les habitans de ces deux royaumes furent menés en captivité dans les états de Babylone et d'Assyrie.

____

(1) *Galaad* signifie Monceau de témoignage ; et ce nom lui vient de l'alliance que Jacob fit en ce lieu avec Laban, son beau-père.

5. *Judée*, depuis le retour de la captivité, dont les Juifs furent redevables à Cyrus, roi de Perse. La plus grande partie de ceux qui revinrent dans leur pays, étaient de la tribu de Juda; et ce fut pour cela que le pays entier fut ensuite appelé *Judée*.

6. *Palestine*, parce que les Grecs et les Romains, ayant d'abord connu, par le commerce, les Palestins ou Philistins, ils donnèrent leur nom à tout le pays voisin.

7. *Terre-Sainte* : c'est ainsi que les Chrétiens l'ont appelée, à cause des mystères que JÉSUS-CHRIST, notre Sauveur, y a opérés.

Les sept peuples cananéens dont nous avons parlé, sont : 1°. les *Héthéens*, qui habitaient au midi, à *Hébron*, etc.; 2°. les *Amorrhéens*, qui se rendirent maîtres du pays au-delà du Jourdain, c'est-à-dire, de la partie orientale; 3°. les *Gergéséens*, qui demeuraient près du *lac de Génésareth*; 4°. les *Cananéens* proprement dits, qui habitaient la partie septentrionale du pays en-deçà du Jourdain, ou à l'occident; 5°. les *Phéréséens*, qui occupaient le milieu, aux environs de *Sichem*; 6°. les *Hévéens*, qui étaient au nord, près du *mont Liban*; 7°. les *Jébuséens*, au milieu, et aux environs de *Jérusalem*, nommée d'abord, à cause d'eux, *Jébus*.

Ces peuples ayant été vaincus par Josué, tout le pays fut donné aux douze tribus israélites, et partagé en douze cantons : deux et demi au-delà ou à l'orient du Jourdain; et neuf et demi en-deçà ou à l'occident de ce fleuve, et du côté de la mer Méditerranée.

Le *Jourdain*, qui sépare ce pays en deux grandes parties, est proprement l'unique rivière de la Judée. Il y a deux sources au nord de la ville de Dan ou de Césarée de Philippe; mais on regardait autrefois comme sa vraie source, au rapport de l'historien Josephe, une fontaine nommée *Phiala*, sur le chemin de Damas au nord de la demi-tribu de Manassé. Les eaux de cette fontaine ne se rendent au Jourdain que par-dessous terre. Ce fleuve coule du nord au sud, traverse le lac de Génésareth ou de Galilée, et se jette dans la mer Morte.

On remarque dans la Judée plusieurs torrens ou rivières qui ne coulent qu'en certains temps. Il y en a deux au-delà du Jourdain, dont le premier se nomme le *torrent de Jacob*, et se jette dans le Jourdain au-dessous de la mer de Galilée. Le second est le *torrent d'Arnon*, qui prend sa source dans la tribu de Gad, sort du lac de Jaser, et se jette dans la mer Morte. Il y en a quatre principaux en-deçà du Jourdain, du sud au nord : 1. le torrent d'*Egypte* ou de *Besor*, qui se jette dans la Méditerranée ; 2. le torrent de *Sorec*, qui sépare la tribu de Siméon de celle de Dan, et se jette aussi dans la Méditerranée, après avoir traversé le pays des Philistins ; 3. le torrent de *Cédron*, qui prend sa source près de Jérusalem, et se jette dans la mer Morte ; 4. le torrent de *Cison*, qui sépare la tribu d'Issachar de celle de Zabulon, prend sa source auprès du mont Tabor, et se jette dans la Méditerranée. Un autre torrent sort de la même montagne, et coule dans la mer de Galilée.

Nous avons parlé plus haut des montagnes qui bornent la Judée ; on en remarque plusieurs dans l'intérieur du pays. Ces montagnes sont celles de la *Judée* propre ou d'*Hébron*, dans la tribu de Juda ; celle du *Calvaire*, dans la tribu de Benjamin, à l'occident de Jérusalem ; et celle des *Oliviers*, à l'orient : les montagnes d'*Ephraïm*, dans la tribu d'Ephraïm ; celles de *Sichem*, d'*Hebal* et de *Garisim*, dans la même tribu ; celles de *Gelboé* et du *Carmel*, dans la tribu d'*Issachar*, et enfin le *Tabor*, dans celle de Zabulon.

CHAPITRE PREMIER.

DIVISION DE LA JUDÉE EN DOUZE TRIBUS.

Quoique le peuple d'Israël ne fût composé que de douze familles ou tribus, la Judée se trouvait partagée en treize parties, la tribu de Manassé occupant deux portions, l'une en-deçà, et l'autre au-delà du Jourdain, sans compter la tribu de *Lévi*, qui n'eut point en partage un canton particulier.

Les deux tribus et demie au delà du Jourdain ou à l'orient, sont, du sud au nord, *Ruben*, *Gad* et la *demi-tribu de Manassé*. Il y en avait neuf et demie en-deçà ou à l'occident. Celles-ci peuvent se partager en deux parties ; savoir, six et demie dans le milieu, et trois le long de la Méditerranée. Celles du milieu, du sud au nord, sont : *Juda*, *Benjamin*, *Ephraïm*, la *demi-tribu de Manassé*, *Issachar*, *Zabulon* et *Nephtali*. Les trois vers la Méditerranée sont, *Siméon*, *Dan* et *Aser* qui était à l'extrémité septentrionale de la Judée.

Les villes les plus remarquables de ces douze tribus se divisent en trois classes : les villes autrefois *Royales*, au nombre de trente-six ; les villes *Lévitiques*, au nombre de quarante-huit, et les six villes de *Refuge*.

Les *villes royales* étaient celles qui avaient des rois cananéens, quand les Israélites entrèrent dans le pays.

Les *villes lévitiques* furent désignées par Josué, selon l'ordre qu'il en avait reçu de Dieu, pour servir d'habitation à la tribu de Lévi, qui, étant destinée au service du tabernacle, et ensuite du temple, n'avait point eu de partage comme les autres, dans la distribution des terres du pays de Canaan, mais était dispersée par toutes les tribus, pour être en état de les instruire. Outre les dîmes, les lévites possédaient des pâturages autour des villes de leurs habitations, pour nourrir leurs troupeaux.

Les *villes de refuge* servaient de retraite à ceux qui, par accident et contre leur volonté, avaient tué quelqu'un ; ils étaient obligés d'y rester jusqu'à la mort du grand-prêtre.

Il y avait trois de ces dernières au-delà du Jourdain, c'est-à-dire, à l'orient, savoir : *Bosor*, dans la tribu de Ruben ; *Ramoth-Galaad*, dans la tribu de Gad ; et *Gaulon*, dans la demi-tribu de Manassé. Les trois autres étaient en-deçà du Jourdain, à l'occident :

Cariat-Arbé ou *Hébron*, dans la tribu de Juda; *Béthel* ou *Sichem* dans celle d'Ephraïm, et *Cedés* en Nephtali.

§ I. *Des Tribus au-delà du Jourdain.*

Ce pays fut le premier occupé par les Israélites, après la défaite de Séhon, roi des Amorrhéens, et d'Og, roi de Basan.

I.

Dans la tribu de RUBEN, les principales villes étaient :

MADIAN, ville *royale*, au midi.

MÉPHAAT, ville *lévitique*, sur le torrent d'Arnon.

MEDABA, sur le même torrent.

BOSOR, ville de *refuge* et *lévitique*, au nord-ouest de Medaba.

HESEBON, au nord de Bosor, ville *royale* et *lévitique*. Séhon, roi des Amorrhéens, y demeurait.

MACHERUS, près l'embouchure du Jourdain, dans la mer Morte, château très-fort, dans lequel la reine Alexandre mit ce qu'elle avait de plus précieux, et qui servit de retraite à Aristobule, qui y fut pris par Gabinius, et envoyé à Rome. L'historien Josephe assure qu'Hérode Antipas y fit renfermer saint Jean-Baptiste. Près de ce château était *Callirhoé*, lieu fameux pour ses eaux chaudes, auxquelles Hérode-le-Grand eut recours.

ASEDOTH-PHASGA, près le mont Phasga, dans le milieu de la tribu de Ruben.

BETHPHOGOR, près le mont Phogor, au nord de la précédente : son nom vient du temple de Phogor, dieu infâme des Amorrhéens.

JASA, *lévitique*, à l'orient de Bethphogor : ce fut près de cette ville que Séhon fut défait par Moïse.

BETHABARA, au nord-ouest de Bethphogor, près du Jourdain. On croit que c'est en cet endroit que les Israélites passèrent le Jourdain : son nom signifie en effet, *maison du passage*. C'est là aussi que saint Jean baptisait. Elle est nommée *Béthanie* dans la Vulgate.

II.

Dans la tribu de GAD :

JASER, *lévitique*, près le lac de Jaser.

DABIR, près du Jourdain.

BETHARAN *ou* JULIADE, au nord de Dabir. Elle fut fortifiée par Hérode Antipas, qui la nomma *Juliade*, en l'honneur de Julie, femme de l'empereur Tibère.

SOCOTH, près du Jourdain, nommée ainsi par Jacob, parce qu'il y dressa ses *tentes*, à son retour de Mésopotamie.

THEBES, patrie du prophète Elie, à l'orient de Betharan.

RAMOTH-GALAAD, ville *lévitique* et de *refuge*, au nord-est, célèbre par la mort d'Achab, roi d'Israël, qui y fut tué, selon la prédiction du prophète Michée. Joram, fils d'Achab, y fut aussi blessé dans la guerre qu'il fit à Hazaël, roi de Damas ou de Syrie.

MASPHA, au sud-est de Ramoth : auprès de cette ville, Jephté défit les Madianites, et remit le peuple d'Israël en liberté.

RABBA *ou* PHILADELPHIE, au nord de Maspha. C'a été pendant un temps la *capitale* des Ammonites. Elle fut prise par David, après avoir été long-temps assiégée par Joab, général de ses armées. On y gardait le lit de fer d'Og, roi de Basan, lequel prouvait quelle était sa taille gigantesque.

MAHANAÏM, *lévitique*, au nord-ouest, sur le torrent de Jacob. Ce fut Jacob qui lui donna ce nom, qui signifie *Camp de Dieu*, parce qu'il y rencontra une troupe d'anges, comme il revenait de Mésopotamie.

PHANUEL, plus au midi : Jacob y lutta contre un ange, qui le bénit ensuite, et lui donna le nom d'*Israël*, c'est-à-dire, *fort contre Dieu*.

Près de cette ville était la *forêt d'Ephraïm*, où Absalon, révolté contre son père David, fut défait et tué.

III.

Dans la demi-tribu de MANASSÉ :

GADARA, ville forte, au midi, et auprès de laquelle il y avait des bains d'eaux chaudes. Josephe la nomme *la capitale de la Pérée*, c'est-à-dire du *pays au-delà du Jourdain.*

JABÈS GALAAD, à l'orient de Gadara. Cette ville est célèbre dans l'Ecriture, parce que ses habitans ne s'étant pas trouvés avec les autres Israélites pour punir le crime des Benjamites envers la femme du lévite, ils furent mis à mort; et on ne réserva que les filles. Ils témoignèrent leur reconnaissance envers Saül, qui les avait délivrés du siége des Ammonites, en détachant son corps des murs de Bethsan, où il avait été suspendu par les Philistins.

PELLA, à l'orient de Jabès-Galaad. Cette petite ville est remarquable pour avoir été la retraite des Juifs devenus Chrétiens, lors du dernier siége de Jérusalem par Titus, qui fut suivi de la destruction de cette ville. Josephe la donne comme servant de borne, du côté du nord, à la *Pérée*, qui est le pays au-delà du Jourdain.

GAULON, ville de *refuge* et *lévitique*, au nord de Pella.

ASTAROTH *ou* BASAN, BAESTRA et CARNAÏM, au nord de Gaulon, *royale* et *lévitique*; c'était la résidence du roi Og, Amorrhéen, qui était un géant que les Israélites défirent et dépouillèrent de ses états.

GESSUR, au nord de cette tribu. C'est dans cette ville qu'Absalon, après avoir tué son frère Ammon, se réfugia vers Tolmaï, son aïeul maternel, qui en était roi, et il y demeura trois ans.

AURAN, au midi de Gessur, *capitale* d'une contrée nommée *Auranite :* l'historien Josephe joint toujours l'Auranite à la Batanée et à la Traconite. Auguste donna ce dernier pays à Hérode, et ensuite à son fils Philippe.

GERASA, au sud-ouest de cette tribu. C'est dans le pays des Géraséniens, auxquels elle donnait son nom, que Jésus-Christ chassa une légion de démons du corps d'un possédé.

CAPHARNAUM, dont il est souvent parlé dans l'Evangile, près de la mer de Galilée, ainsi que,

BETSAÏDE *ou* JULIADE, patrie des apôtres saint Pierre et saint André. Elle fut augmentée par Philippe le Tétrarque, qui l'appela Juliade, du nom de Julie, fille d'Auguste.

§ II. *Des six Tribus et demie en deçà du Jourdain, et au milieu.*

I.

La tribu de Juda a pour principales villes :

EDER *ou* HERED, au sud, *royale*, près du désert de Sin ou de Judée.

CARIAT-SEPHER *ou* DABIR, *royale* et *lévitique*, au nord d'Eder. Son premier nom signifie la *Ville des Lettres*, et c'était comme l'académie des Cananéens. Elle fut prise sur eux par Othoniel, frère de Caleb, qui lui donna en récompense sa fille Axa en mariage.

JAETA *ou* JUTA, *lévitique*, près du désert de Ziph, qui est à l'occident de la mer Morte. C'est dans ce désert que David se cacha, pour éviter la colère de Saül.

Au nord de ce désert est la *Vallée de Bénédiction*, ainsi nommée à cause de la victoire miraculeuse remportée par Josaphat sur les Ammonites, les Moabites et les Iduméens, qui s'y tuèrent les uns les autres, en sorte qu'il n'en resta pas un seul.

CARMEL. Cette ville est remarquable à cause de la montagne de même nom, qu'il ne faut pas confondre avec un autre *Mont-Carmel* plus considérable qui se trouve dans la tribu d'Issachar, et où Elie se retirait.

Le Mont-Carmel de Juda est célèbre dans l'Ecriture, par l'arc de triomphe que Saül s'y fit ériger après sa victoire sur les Amalécites, et par la demeure de Nabal, homme très-riche, mais si dur, qu'il refusa d'assister David, à qui il avait obligation, et qui était dans un pressant besoin. Abigaïl était sa femme, et David l'épousa après sa mort.

Maon, dans le désert de même nom, où David se retira pour éviter la fureur de Saül.

Asason-Thamar *ou* Engadi, près de la mer Morte, et de la vallée des Salines. A l'occident de cette ville est la caverne où Saül se retira, et où David qui était caché avec ses gens, épargna sa vie, et l'apaisa par ses humbles remontrances. Au sud de cette ville étaient les villes de *Sodome* et de *Gomorrhe*, détruites par le feu du ciel, au temps d'Abraham, et que l'on prétend avoir été rétablies dans la suite.

Cariath-Arbé *ou* Hébron, ville *royale*, de *refuge* et *lévitique*, dans les montagnes de la tribu de Juda. On croit que cette ville était la demeure de Zacharie, père de saint Jean-Baptiste, et d'Elisabeth, qui y fut visitée par la sainte Vierge. C'est dans cette ville, la principale de la tribu de Juda, que régna David pendant sept ans, avant d'être reconnu roi par toutes les tribus. Son nom de *Cariath-Arbé*, qui signifie la *Ville des quatre*, vient, selon Bochart, de ce qu'on y enterra Enoc, et ses trois enfans, dont les espions envoyés par Josué, rapportèrent des choses merveilleuses. Hébron est la plus considérable des villes données aux prêtres descendans d'Aaron. Tout près de cette ville est la caverne double, où furent enterrés Abraham et Sara, Isaac et Rebecca, Jacob et Lia. Elle est encore visitée avec respect par les juifs, les mahométans et les chrétiens. Près d'Hébron était la *vallée de Mambré*, où demeurèrent long-temps les patriarches Abraham, Isaac et Jacob.

Jéther, *lévitique*, au sud-ouest de la tribu de Juda, et au midi de celle de Siméon.

Jerimoth, et
Odullam *ou* Socho, } *royales*, près la tribu de Dan.

Eglon,
Lachis,   } *royales*, vers le milieu.

Bethléem, appelée d'abord *Ephrata*, petite ville célèbre par la naissance de David, et par celle de Notre Seigneur Jésus-Christ. Près de là était le sépulcre de Rachel, au nord; et à l'orient la Tour du Troupeau, où les anges annoncèrent aux bergers la naissance du Sauveur.

Macéda, ville *royale*, à l'orient de la tribu de Dan, et au nord de Lobna. Elle est remarquable par la caverne qui en était proche, où se cachèrent cinq rois cananéens, qui furent pris et mis à mort par Josué.

Le pays des Philistins, qui était sur le bord de la mer Méditerranée, a fait partie, en différens temps, de la tribu de *Juda*, à laquelle il avait été assigné (Josué, *ch.* 15); mais les péchés des Israélites furent cause que ces peuples les affligèrent beaucoup. On en a déjà parlé; et il en sera encore question dans le chapitre suivant, qui traite des peuples voisins de la Judée.

II.

La tribu de Benjamin a, d'orient en occident :

Jéricho, ville *royale*, fameuse par son baume. Ses murs furent miraculeusement renversés, lorsque les Israélites entrèrent dans le pays de Canaan. Elle fut rebâtie par Hiel, qui perdit son premier et son dernier fils, en la bâtissant, selon la prédiction d e Josué (*L.* 3, *Rois, ch.* 16, *v.* 34).

Près de Jéricho, vers le nord-ouest, se trouve la montagne où l'on croit que le diable tenta Jésus-Christ, en lui faissant voir tous les royaumes du monde.

Au sud de cette ville est la montagne de la Quarantaine, où Jésus-Christ jeûna quarante jours, et fut ensuite tenté par le démon.

Galgala, près du Jourdain. Josué y circoncit le peuple, avant d'entrer dans la Terre promise. C'est près de là que les deux tribus et demie, dont le partage avait été assigné au-delà du Jourdain, bâtirent un autel, qu'elles appelèrent l'*Autel du Témoignage*, pour marquer leur droit aux sacrifices offerts à Dieu dans le tabernacle.

Haï, ville *royale*, au nord-ouest de la précédente.

Béthel, appelée d'abord Lusa. Jacob lui donna le nom de *Béthel*, qui signifie *la Maison de Dieu*, à cause de la vision de l'échelle mystérieuse qu'il eut en cet endroit, comme il allait en Mésopotamie.

Anathot *ou* Nobé, *lévitique*, célèbre par le massacre que fit Saül de quatre-vingts de ses prêtres. C'est la patrie du prophète Jérémie.

Jérusalem, ville *royale* et *capitale* de toute la Judée, depuis David. Elle se nommait d'abord Salem, et elle eut pour roi Melchisédech, prêtre du Très-Haut. Elle s'appela ensuite *Jébus*, et elle demeura entre les mains des Jébuséens jusqu'au temps de David. Elle était tellement sur les confins de la tribu de Juda, qu'une partie de cette ville en dépendait.

Gabaon, au nord de Jérusalem, *capitale* des Gabaonites. Ce fut une ville *lévitique*.

Béthoron-la-Basse, au nord-ouest de Gabaon. C'est là que Dieu fit pleuvoir des pierres sur les rois que Josué poursuivait, et qui étaient venus assiéger Gabaon. Judas Macchabée y tua Séron, chef de l'armée du roi de Syrie.

Masphat, à l'extrémité occidentale de la tribu de Benjamin. C'est dans ce lieu que le prophète Samuel rendait la justice, et qu'il tenait les assemblées du peuple. Saül, premier roi d'Israël, fut élu dans une de ces assemblées.

III.

La tribu d'Ephraïm a, d'orient en occident :

Thaphua, ville *royale*, près du Jourdain.

Sichem au milieu, ville de *refuge* et *lévitique*, Abraham et Jacob ont demeuré dans son voisinage. Elle fut détruite par Abimélech, fils de Gédron, et rebâtie par Jéroboam I, roi des dix Tribus ou d'Israël. Elle est fameuse par le Veau d'or qu'y mit ce même Jéroboam, et par la malédiction que prononça le prophète

Elisée contre quarante enfans qui l'avaient insulté, et qui furent dévorés par des ours. C'est aussi près de cette ville (qui était alors appelée par dérision, *Sichar*, ville des insensés) que Jésus-Christ eut, avec une Samaritaine, un entretien rapporté dans le *chap. 4 de l'Evangile de saint Jean?* Cette ville se nomme aujourd'hui *Naplosa* ou *Naplouse*.

SAMARIE, au nord-est de Sichem, bâtie par Amri, roi d'Israël, et appelée *Samarie*, du nom de Semer, à qui appartenait la montagne où elle était située, et qu'Amri acheta deux talens d'argent (3°. *Liv. des Rois, ch.* 16). Elle fut depuis ce temps-là *capitale* du royaume d'Israël, ou des dix Tribus. Hérode ayant rebâti cette ville, qui avait été ruinée, lui donna le nom de SÉBASTE, en l'honneur d'Auguste; car *Sébaste* en grec est la même chose qu'*Augustus* en latin.

Au midi de Samarie sont les monts *Garisim* et *Hébal*; et au nord-est de ces montagnes était le *Temple de Baal*, sur la montagne de Dan.

MACHMAS, au midi, sur les confins de la tribu de Benjamin. C'est dans cette ville que les Philistins avaient mis une garnison pour attaquer les Israélites; et ils y furent vaincus d'abord par Jonathas, et ensuite par Saül.

NAIOTH, à l'orient de Machmas : Samuel et David s'y retirèrent pour fuir la colère de Saül.

SILO, au nord-est de Naioth. C'est dans cette ville que Josué plaça le tabernacle; et il y resta fort long-temps.

TAMNATSARÉ, à l'ouest de Machmas : cette ville est célèbre par la sépulture de Josué.

GAZER, ville *royale* et *lévitique*, sur le torrent de Gaas, à l'ouest de Tamnatsaré. Elle fut prise par le roi d'Egypte, sur les Cananéens, qu'il fit passer au fil de l'épée : il la fit brûler ensuite; et en donna le territoire pour dot à sa fille, qu'il maria avec Salomon. Mais ce roi des Hébreux rétablit cette ville. Elle fut fortifiée long-temps après, par Jonathas Machabée; et Simon son frère paraît y avoir demeuré, après avoir augmenté ses fortifications.

Lydda, sur le même torrent. Saint Pierre y guérit un paralytique nommé *Enée*.

IV.

La demi-tribu de Manassé a, d'orient en occident :

Betbéra, sur le Jourdain. Gédéon y fit camper les Ephraïmites pour prévenir les Madianites.

Ennom, près du Jourdain, ainsi que

Salem : saint Jean baptisait près de ces villes, parce qu'il y avait beaucoup d'eau.

Bethsan *ou* Scythopolis, près du Jourdain. On croit que son nom vient de ce qu'elle a été habitée par des Scythes. Les Philistins attachèrent le corps de Saül aux murs de cette ville.

Bethseca *ou* Besec, au nord-ouest de Bethsan, ville *royale*.

Abel-Mehula, au midi de Bethseca, patrie du prophète Elisée.

Alexandrion, au midi de la précédente, château très-fort, bâti sur une montagne par Alexandre, roi de Judée, descendant des Macchabées, et dans lequel Aristobule son fils, et Alexandre, fils d'Aristobule, se retirèrent. Le roi Hérode répara ce château, ainsi que ceux de *Macherus*, dans la tribu de Ruben, et d'*Hyrcanium*, au midi de Juda, et vers les montagnes d'Arabie, selon Josephe.

Thersa, *royale*, au nord-ouest d'Abel-Mehula. Elle a été la résidence et le lieu de la sépulture des premiers rois d'Israël, ou des dix tribus.

Galgal, *royale*, à l'occident.

Magedo, au sud-est de Galgal, *royale* et *lévitique*. C'est près de cette ville que le pieux roi Josias fut tué par Nécao roi d'Egypte.

Dor, *royale*, à l'extrémité occidentale. Elle fut assiégée par Antiochus, fils de Démétrius, roi de Syrie, avec une armée de 120,000 hommes, pour prendre Triphon, son compétiteur, qui se sauva.

Césarée, *port*, sur la Méditerranée. Elle a été appelée Tour de Straton et Drusus, du nom du fils de la femme de César. Son nom de *Césarée* lui a été donné par Hérode, qui l'augmenta considérablement, en l'honneur de César-Auguste.

Capharsalama, Apollonie *ou* Antipatride, sur la même mer. Cette ville fut rebâtie par Hérode, qui lui donna le nom d'*Antipatride*, en mémoire de son père Antipater.

V.

La tribu d'Issachar contient, d'orient en occident :

Rameth *ou* Jerimoth, *lévitique*, au sud-ouest.

Au nord de Rameth sont les montagnes de *Gelboé*, où Saül et ses fils furent tués, en combattant les Philistins.

Jesrael, fameuse par la vigne de Naboth, et par la mort de Joram, fils d'Achab, et de l'impie Jésabel, sa mère. C'était une ville *royale* des Cananéens.

Aphec, au nord de Jesraël, *royale*, désignée par Elisée à Joas, roi d'Israël, comme le lieu où il devait battre trois fois les Syriens.

Naïm, au nord d'Aphec. Près de cette ville, Jésus-Christ ressuscita le fils unique d'une veuve.

Betsemès, au sud-ouest de Naïm. Il y avait une autre *Betsemès* sur les confins du pays des Philistins et de la tribu de Dan.

Sunam, au nord-ouest de Betsemès, célèbre par cette femme qui donna l'hospitalité au prophète Elisée.

A l'extrémité occidentale, on trouve le mont *Carmel*, où souvent Elie se retirait.

VI.

La tribu de Zabulon a, d'orient en occident :

Génézareth, Gineret *ou* Tibériade, sur le bord de la mer de Galilée. Cette ville ayant été rebâtie par Hérode le Tétrarque, fut nommée *Tibériade*, en l'honneur de l'empereur Tibère.

Geth-Epher *ou* Jotapat, au nord-ouest de Génézareth. C'était la patrie du prophète Jonas. Josephe l'historien, qui y commandait dans la guerre contre les Romains, y fit une belle défense, et y fut fait prisonnier.

DOTHAÏM, au nord de Geth-Epher : le patriarche Joseph y rencontra ses frères, qui le vendirent à des marchands qui le menèrent en Egypte.

REMNON-AMTAR *ou* DAMNA, *lévitique*, au nord-est de la précédente.

BETHLÉEM *ou* BÉTHULIE, au sud-ouest de la précédente. Entre les deux était la *Citerne de Joseph.* C'est cette ville, selon Sanson, qui est célèbre par le siége qu'y mit Holopherne, à qui Judith coupa la tête. Le P. Calmet place Béthulie dans la tribu de Siméon d'où était Judith ; ce qui ne s'accorde pas avec la proximité où il paraît que Béthulie était de l'Aulon ou de la plaine du Jourdain, et des villes de Jesraël et de Naïm, selon la remarque de Reland.

On trouve vers les frontières d'Issachar, au sud-ouest de la tribu de Zabulon, le mont *Tabor.* C'est là que Débora ordonna à Balac de combattre Sisara ; et l'on croit que JÉSUS-CHRIST fut transfiguré sur cette montagne.

NAZARETH, au nord-ouest du Tabor. Cette petite ville est célèbre, parce que Jésus-Christ y a demeuré jusqu'à l'âge de trente ans.

SÉPHORIS, au nord-est de Nazareth ; c'était la *capitale* et la résidence d'Hérode Antipas, tétrarque de Galilée.

CANA, petite ville, où Jésus-Christ opéra son premier miracle, qui fut de changer l'eau en vin.

VII.

La tribu de NEPHTALI renferme, du sud au nord :

COROSAÏM, sur le bord de la mer de Galilée : c'est une des villes impénitentes contre lesquelles Jésus-Christ a prononcé des malédictions.

Au nord de cette ville est la montagne où Jésus-

Christ se retirait pour prier, et où il choisit ses apôtres.

Abelmaacha *ou* Abelmaïm et Abela. Ce fut dans cette ville que Siba, qui avait fait révolter dix tribus contre David, s'enferma; et, après quelques jours de siége, il y eut la tête coupée, à la persuasion d'une femme très-sage, qui prévint par-là les suites d'une guerre civile.

Cedès, ville *royale*, de *refuge* et *lévitique*, vers le milieu : c'était la patrie de Barac, qui défit Sisara, général de Jabin, roi des Cananéens.

Hasoreth des Gentils, sur le Jourdain, demeure de Sisara.

Helon, sur le même fleuve, ainsi que

Dan *ou* Laïs et Panias, appelée aussi Césarée de Philippe, du nom de Philippe, tétrarque de l'Iturée, qui l'agrandit, et l'appela *Césarée*, en l'honneur de César-Auguste.

§ III. *Des trois Tribus vers la Méditerranée* ou *la Grande Mer.*

Nous les décrirons aussi du sud au nord.

I.

La tribu de Siméon a :

Bersabée *ou* Basiothie, vers le torrent d'Egypte ou de Bésor. C'est depuis ce lieu jusqu'à *Dan* ou *Laïs*, que l'Ecriture marque l'étendue de la Judée. Bersabée est célèbre par la demeure qu'ont faite dans son voisinage Abraham, Isaac et Jacob.

Harma *ou* Horma, *royale*, vers le milieu. Judas Machabée avec son frère Simon, y défirent les Gentils, ou les Syriens, et l'appelèrent *Horma*, c'est-à-dire, *Anathême.*

Cesil *ou* Béthul, au sud d'Horma : c'est, selon le P. Calmet, la fameuse *Béthulie*, où Judith tua Holopherne, général des Assyriens; mais ce sentiment a bien des difficultés, comme nous l'avons observé ci-dessus.

Siceleg, au nord-ouest d'Horma, fameuse parce qu'elle fut donnée à David par Achis, roi des Philistins. Elle fut brûlée par les Amalécites en l'absence de David, et ils en enlevèrent les femmes et les enfans ; mais David les ayant poursuivis, reprit sur eux tout ce qu'ils avaient enlevé, et fit un grand butin.

Il faut remarquer que cette tribu eut son partage dans le territoire qui avait d'abord été assigné à la tribu de Juda, et qui était trop grand pour elle.

II.

La tribu de Dan contient, du sud au nord :

Modin, patrie de Matathias, et de ses enfans, nommés *Machabées :* ce fut aussi le lieu de leur sépulture. Simon y éleva un mausolée de marbre blanc d'une hauteur prodigieuse.

Saraa, patrie de Samson, au midi, près du torrent de Sorec.

Esthaol, au sud-est de Saraa.

Hirsemès, ou la *ville du Soleil*, au nord d'Esthaol.

Thamma *ou* Temna et Thamnata, au nord-ouest d'Hirsemès. C'est près de cette ville que Samson, allant pour épouser une femme du pays des Philistins, rencontra un lion qu'il mit en pièces, et dans la gueule duquel il trouva à son retour un rayon de miel ; ce qui lui donna occasion de proposer une énigme.

Joppé, *port*, sur la Méditerranée, tout au nord de la tribu de Dan. S. Pierre y ressuscita Tabite.

Betsemès, *lévitique*. Le géographe Sanson l'a mise entre Accaron et Geth, dans le pays des Philistins, qui en ont été les maîtres pendant un temps. Cette ville est célèbre par la mort de 50,000 de ses habitans, à cause de leur curiosité par rapport à l'arche, lorsque les Philistins la renvoyèrent après l'avoir prise.

*2

III.

La tribu d'Aser est au nord-ouest de la Judée, et a, du sud au nord :

Acco *ou* Ptolémaïde, *royale*, nommée Ptolémaïde, parce qu'elle fut agrandie par Ptolémée I, roi d'Egypte. On la nomme aujourd'hui *Acre*.

Cadès *ou* Cedessa, *royale*, dans le milieu.

Abran *ou* Ardon et Madon, *royale* et *lévitique*, sur les confins de Nephtali.

Rohob, au nord de Cadès. Ce fut jusqu'à Rohob qu'allèrent les douze hommes envoyés par Moïse pour considérer la Terre promise.

La côte des *Sidoniens*, où sont les villes de *Tyr*, *Sarepta* et *Sidon*, avait été assignée aux enfans d'Aser par Josué ; mais leur lâcheté et leur désobéissance firent que ce pays resta indépendant. C'est ce qu'on appelle autrement la *Phénicie*, dont nous parlerons à la fin du chapitre qui suit.

CHAPITRE II.

DU PAYS DES PHILISTINS, ET DES AUTRES PEUPLES VOISINS DE LA JUDÉE.

Les peuples voisins de la Judée, dont Dieu se servit quelquefois pour punir les prévarications des Israélites, étaient, sans compter les *Egyptiens* :

Au sud-ouest, le long de la Méditerranée, les *Philistins* au midi de la Judée, les *Iduméens*, les *Amalécites*, les *Madianites*, et autres enfans de Céthura, au sud-est.

A l'orient, les *Moabites*, les *Ammonites*, les *Ismaélites* (Nabathéens, Cédariens, etc.).

Au nord, les *Syriens*, les *Phéniciens* (Tyriens, Sidoniens).

I. Les Philistins tiraient leur origine des Egyptiens,

et occupaient les bords de la mer Méditerranée, depuis le torrent d'Egypte jusqu'à l'extrémité de la tribu de *Dan*. Ils affligèrent long-temps les Israélites criminels; mais après avoir été vaincus par Samson, Samuel et Saül, ils furent enfin assujettis par David. Leur pays fit long-temps partie de la tribu de Juda, dans le partage de laquelle il avait été mis par Josué.

Ils avaient cinq villes principales, qui formaient autant de satrapies ou de gouvernemens; savoir, du sud au nord :

Gaza, grande ville, célèbre par la mort de Samson. Ayant été détruite par Alexandre-le-Grand, elle se rétablit et soutint deux siéges, l'un de la part de Jonathas Machabée, et l'autre de Simon son frère, qui la reçut à composition. Son port s'appelait *Majuma*.

Ascalon, *port*, ville forte et très-ancienne. Elle se rendit à Jonathas. Hérode-le-Grand l'embellit en suite de bassins, de lacs, de magnifiques galeries et d'un palais royal : c'était la ville d'où il tirait son origine.

Azoth, ville très-forte, où les Philistins mirent l'arche dans le temple de Dagon, leur dieu. Cette ville fut prise et brûlée par Jonathas, aussi bien que son temple.

Accaron. C'est dans cette ville qu'Ochosias, roi d'Israël, malade à Samarie, envoya consulter le dieu Béelzébuth, en conséquence de quoi Elie lui annonça une mort prochaine. Cette ville fut donnée à Jonathas par Alexandre, fils d'Antiochus-l'Illustre, roi de Syrie.

Geth, patrie du superbe Goliath, qui fut tué par David.

Il faut encore remarquer dans le pays des Philistins :

Jamnia, *port*. Cette ville fut prise par Judas Machabée, qui brûla son port et ses vaisseaux.

II. Les Iduméens occupaient une partie de ce qu'on appelle aujourd'hui l'Arabie Pétrée. Ils descendaient d'Edom ou Esaü, fils d'Isaac, qui s'était d'abord établi dans le mont *Séir*, au midi de la tribu de Juda. Ce peuple a toujours témoigné de la haine contre les Israélites, quoiqu'ils descendissent d'un même père. David assujettit les Iduméens et ils demeurèrent soumis aux rois de Juda jusqu'au règne de Joram, fils de Josaphat. Pendant la captivité des Israélites, les Iduméens s'emparèrent d'une grande partie du territoire qu'avait occupé la tribu de Juda. Mais les princes Machabées, et surtout Jean Hircan, les soumirent de nouveau, et les obligèrent d'embrasser la religion juive.

Petra *ou* Jectael, était leur capitale : elle se trouvait au midi, environ à une égale distance de la mer Morte et de la mer Rouge.

III. Les Amalécites faisaient originairement partie des Iduméens, et habitaient dans leur voisinage, au sud-ouest de la Judée. Ils tiraient leur nom d'Amalec, petit-fils d'Edom. Leur haine contre les Israélites était très-violente : aussi Dieu ordonna-t-il de les exterminer. Saül fut rejeté, parce qu'il avait voulu épargner leur roi Agag, et ce qu'ils avaient de meilleur. Aman, qui, du temps d'Esther, pensa faire périr les Juifs captifs, était de la race des Amalécites.

IV. Les Madianites, et autres enfans de *Céthura* et d'Abraham, occupaient cette partie de l'Arabie qui s'étend au sud-est, depuis la mer Morte jusqu'à la mer Rouge. Ce peuple s'étant joint aux Amalécites pour affliger les Israélites, Dieu suscita Gédéon, qui les vainquit.

V. Les Moabites, qui descendaient de Moab, fils aîné de Loth, neveu d'Abraham, habitaient à l'orient de la tribu de Ruben. Balac, leur roi, engagea Balaam à maudire les Israélites, lorsqu'ils vinrent dans la Terre promise ; mais Dieu força Balaam à les bénir. Eglon, autre roi des Moabites, affligea dans la suite le peuple d'Israël, que Dieu délivra par Aod. Les rois David et Salomon assujettirent cette nation ; mais elle secoua le joug par la suite.

Ar *ou* Rabbat-Moab, sur l'Arnon, était leur capitale.

VI. Les Ammonites, qui venaient d'Ammon, frère de Moab, demeuraient plus au nord, à l'orient de la tribu de Gad. Ils tinrent les Israélites en servitude pendant dix-huit ans; mais ils furent défaits par Jephté. Ils furent ensuite plusieurs fois vaincus par Saül, et assujettis par David; mais ils secouèrent le joug des Israélites après la mort d'Achab.

Rabbat-Ammon, appelée ensuite *Philadelphie*, était leur capitale.

VII. Les Ismaélites, qui descendaient d'Agar et d'Abraham par Ismaël, habitaient plus à l'orient que les nations dont nous venons de parler. La tribu de Ruben remporta sur eux plusieurs avantages. Comme Ismaël avait eu douze enfans, ainsi que Jacob ou Israël, ce peuple fut d'abord divisé en douze tribus, dont les plus connues sont les *Nabathéens*, les *Cédariens*, les *Ituréens*, etc. Avec le temps il devint très-puissant, et se rendit maître de toute l'Arabie, d'où il envoya ailleurs nombre de colonies, comme nous l'avons déja dit. On a donné à ces peuples le nom général de *Sarrasins*, qui signifie, selon plusieurs savans, les *Orientaux*.

VIII. Les Syriens, au nord de la terre des Hébreux, étaient d'abord divisés en plusieurs petits royaumes que David s'assujettit. Sur la fin du règne de Salomon, il s'y en éleva un très-puissant, dont les rois qui demeuraient à *Damas* firent beaucoup de mal aux Israélites. Ce royaume fut détruit à peu près dans le même temps que celui d'Israël, par le roi des Assyriens.

Damas était sa capitale : elle a toujours été une ville considérable.

IX. Les Phéniciens, qui étaient les restes des Cananéens, et que l'on regarde comme les inventeurs des lettres et de la navigation, occupaient la côte nord-ouest de la Judée, le long de la tribu d'*Aser*. Ils s'étendaient encore plus au nord sur la côte de Syrie; mais nous ne parlerons ici que des villes de la Basse-Phénicie, qui étaient voisines des Israélites, dont il est fait mention dans l'Écriture-Sainte. Ce sont, du sud au nord :

Tyr, *port* sur la Méditerranée, dont Hiram, ami de David et de Salomon, était roi. Ses plus illustres colonies au loin, sont *Thèbes* en Grèce, *Carthage* en

Afrique, et *Cadix* en Espagne. Les Carthaginois, qui se sont rendus très-fameux, se nommaient en latin *Pœni*, qui est le même nom que celui des Phéniciens.

SAREPTA, célèbre par la retraite du prophète Elie, qui y fut nourri par une pauvre veuve dont il ressuscita le fils.

SIDON, *port*. Cette ville fut bâtie par Sidon, fils aîné de Canaan, et elle a été la mère de Tyr. Jésabel, femme d'Achab, roi d'Israël, et qui fit beaucoup de mal au peuple de Dieu, par une suite de son zèle pour l'idolâtrie, était fille du roi de Sidon.

CHAPITRE III.

DIVISION DE LA JUDÉE, DEPUIS LE RETOUR DE LA CAPTIVITÉ, ET PARTICULIÈREMENT SOUS HÉRODE-LE-GRAND ET SES ENFANS.

LES Juifs, principalement de la tribu de Juda, étant revenus de la captivité où Nabuchodonosor les avait transportés, après avoir détruit Jérusalem, rebâtirent cette ville, et peu à peu les autres. Mais les différentes parties du pays ne portèrent plus le nom des douze tribus. Il fut alors partagé en quatre provinces : la *Galilée*, la *Samarie*, la *Judée propre*, la *Pérée*. A quoi il faut ajouter deux petits pays, dont il est fait mention dans le partage des enfans du roi Hérode : la *Trachonite* et l'*Iturée*.

En-deçà du Jourdain étaient les trois premières provinces.

I. La GALILÉE, qui était partagée en supérieure et inférieure. La première, qui s'appelait aussi *Galilée des Gentils*, parce que la plus grande partie de ses habitans fut toujours de race gentile, comprenait les territoires des tribus d'*Aser* et de *Nephtali* : elle s'étendait même, selon plusieurs auteurs, dans la demi-tribu de Manassé, au-delà du Jourdain. La Galilée inférieure contenait les tribus de *Zabulon* et d'*Issachar*.

On appelait *Décapole*, une région très-fertile, qui avait dix villes autour du Jourdain. Ces villes étaient, selon Sanson : au nord *Caphanaüm* et *Bethsaïde*, au nord-ouest *Corasaïm*, à l'orient *Gadara*, *Gerasa*, *Gamala*, au midi *Scythopolis*, et à l'occident *Tarichée*, *Tibériade* et *Jotapata*.

II. La SAMARIE, qui, après la destruction du royaume d'Israël, fut habitée par des colonies que les rois d'Assyrie y avaient envoyées de leurs états, comprenait les territoires de la tribu d'*Ephraïm*, et de la partie de *Manassé* en-deçà du Jourdain.

III. La JUDÉE propre, qui renfermait *Benjamin*, *Juda*, *Siméon*, *Dan*, et le pays des Philistins.

Sa partie méridionale qui, pendant la captivité, avait été entre les mains des Iduméens, s'appelait *Idumée* et *Gabalène*, c'est-à-dire le *Pays des Montagnes*.

Au-delà du Jourdain était :

IV. La PÉRÉE, dont le nom signifie en grec le *Pays au-delà*. Elle renfermait le territoire des tribus de *Ruben* et de *Gad*, et la partie de *Manassé* à l'orient du Jourdain.

Les deux petits pays dont il faut encore parler, sont :

V. La TRACHONITE, qui occupait la partie la plus septentrionale de la tribu de Manassé.

VI. L'ITURÉE, qui était située à l'est de la même tribu de Manassé. Elle était ainsi appelée, à cause de la roideur de ses montagnes, *Hermon* et *Sanir*. On prétend que le nom d'*Iturée* signifie la même chose en syriaque ; c'était là qu'habitaient les Ituréens, l'une des races ismaélites.

Les Juifs, revenus de captivité 536 ans avant J.-C. par la bonté que Dieu inspira à Cyrus, n'occupèrent d'abord qu'une partie de la Judée propre, étant sous la dépendance des Perses, et ensuite d'Alexandre et de ses successeurs, soit les rois d'Egypte, soit les rois de Syrie. Ils se mirent en liberté sous les Machabées, et par leurs armes ils conquirent les autres parties de la Judée.

Hérode s'empara ensuite du gouvernement de ce pays, avec le secours des Romains, qui l'en déclarèrent roi. Après sa mort, le royaume de Judée fut divisé entre ses trois fils, Archelaüs, Hérode Antipas et Philippe. L'empereur Auguste qui fit ce partage, donna le nom d'*Ethnarque* au premier, et de *Tétrarque* aux deux autres.

Archelaüs posséda la Judée avec l'Idumée, et la Samarie. Son état fut gouverné après son exil, par des procurateurs envoyés par les Romains, et qui dépendaient du gouverneur de Syrie. Pilate, qui condamna Jésus-Christ, était l'un de ces procurateurs.

Hérode Antipas eut la Galilée et la Pérée.

Philippe fut mis en possession de la Trachonite et de l'Iturée.

L'Evangile, en parlant de ces tétrarques (*Luc*, *ch.* 3), fait mention de Lysanias, tétrarque de l'*Abylène*. Ce pays n'était point de la Judée, mais dans la Célésyrie ou Syrie creuse, entre les différentes chaînes du mont Liban, où était *Abila*, ville alors considérable, au nord-ouest de Damas.

CHAPITRE IV.

DIVISION DE LA PALESTINE SOUS LES ROMAINS.

LA Judée fut appelée *Palestine* par les Romains, du nom des Philistins ou Palestins, qu'ils avaient les premiers connus, parce qu'ils étaient près de la mer et de l'Egypte, où les Romains vinrent plutôt qu'en Syrie.

La Palestine, sous les Romains, dépendait du gouvernement de Syrie, et était divisée en trois.

La *Palestine première*, qui comprenait la Judée et la Samarie. *Césarée* (*de Straton*) en fut la capitale, depuis que Titus eut détruit Jérusalem, 70 ans après Jésus-Christ.

La *Palestine seconde*, qui renfermait la Galilée et la Trachonite. La capitale était *Scythopolis* ou *Bethsan*.

La *Palestine troisième*, dans laquelle étaient comprises la Pérée et l'Idumée proprement dite. *Pétra* en était la capitale.

CHAPITRE V.

DIVISION DE LA TERRE-SAINTE SOUS LE CHRISTIANISME ET DU TEMPS DES CROISADES.

Au cinquième siècle, la Palestine, quant au gouvernement ecclésiastique, était partagée en quatre métropoles, qui réconnaissaient la juridiction du patriarche de Jérusalem. Ces métropoles étaient *Césarée*, métropole de la Palestine première ; *Scythopolis*, métropole de la Palestine seconde; Pétra, métropole de la Palestine troisième ou première Arabique, et *Bostra*, métropole de la seconde Arabique. Chacune de ces métropoles avait un grand nombre d'évêchés, sous sa dépendance. La plupart furent détruits au VIIe siècle, lorsque les Sarrasins ou Arabes s'emparèrent de la Palestine et de la Syrie.

Après que les Latins eurent pris Jérusalem sur les Sarrasins, en 1099, ils établirent dans cette ville un patriarche de leur communion, et lui donnèrent pour suffragans, *Bethléem*, *Hébron* et *Lydda*.

Ils rétablirent aussi les anciennes métropoles, savoir :

Césarée, avec un suffragant à *Sébaste* ou *Samarie*.

Scythopolis, et depuis *Nazareth*, avec un suffragant à *Tibériade*.

Pétra, avec un suffragant au *Mont-Sinaï*.

Pour *Bostra*, ses suffragans les plus connus étaient *Ptolémaïde*, *Seyde* ou *Sidon*, et *Barut* ou *Bérite* dans la Phénicie septentrionale.

CHAPITRE VI.

DIVISION DE LA JUDÉE OU TERRE-SAINTE, SOUS LES TURCS.

AUJOURD'HUI la Judée ne forme point un pays particulier ; les Turcs la renferment dans le *Sham* ou la Syrie. La partie septentrionale du côté de la mer, dépend du pachalik ou gouvernement de *Seyde*, anciennement *Sidon* ; celle de l'orient appartient au gouvernement de *Damas*. Le reste de la Judée forme deux gouvernemens ; celui de *Jérusalem*, à l'occident du Jourdain ; et celui d'*Ageloun*, à l'orient du même fleuve (1).

I. La partie dépendante du pacha de Seyde, renferme les pays d'*Acra* et de *Saphet*, où se trouvent *Nazra* ou Nazareth, et *Tabarich* ou Tibériade, c'est-à-dire presque tout ce qu'on appelait autrefois la *Galilée*.

II. La partie qui est soumise au gouvernement de Damas, comprend le territoire de *Banias*, anciennement *Panéas* ou *Césarée de Philippe*, c'est-à-dire le canton des sources de l'*Erden* ou Jourdain ; et à l'orient de cette rivière, le pays d'*Havran* (l'ancienne *Auranite*) et celui de *Bitinia* (autrefois *Batanée* ou *Basan*), habité aujourd'hui par les Arabes de *Gouyar*, et où se trouvent les villes d'*Adréat* (l'ancienne *Adraa*) et de *Bosra*, connue du temps des Romains sous le nom de *Bostra*, métropole d'une partie de l'Arabie, l'une des provinces du *diocèse de l'Orient*.

III. Le pachalik ou gouvernement de Jérusalem, renferme avec les territoires voisins de cette ville, deux

---

(1) Cette division, qui n'était pas dans les premières éditions de cette géographie, est tirée d'un livre turc imprimé à Constantinople. Ce qui y était auparavant, était extrait du curieux Voyage du Père Naud, dont on a conservé quelques remarques.

lieutenances ou sangiacats au nord, celui de *Nabolos* ou Naplouse (appelée anciennement *Samarie*), lequel, avec le pays d'*Hareté*, contient cent-cinquante villages; et au sud-est le sangiacat de la ville de *Gaza* dont dépend celle de *Rama*, et environ trois cents villages.

Il renferme ainsi ce qu'on nommait autrefois la *Judée propre* et la *Samarie*, c'est-à-dire la partie méridionale et occidentale de la Terre-Sainte, s'étendant depuis le pays de *Darom* ou du midi, jusqu'aux monts *Carmel*, *Tabor* et *Gelboé*.

On trouve sur cette dernière extrémité, vers le nord, *Kaisarieh*, autrefois *Césarée*, aujourd'hui en ruines; *El-Baysan*, château bâti sur les ruines de l'ancienne ville de *Bethsan*, qui sont encore considérables; enfin *Ledgioun*, autrefois *Legio*, dans la plaine d'*Esdrelon* ou de *Mageddo*, appelée aujourd'hui *Margeebn-Aâmer*, c'est-à-dire le pré du fils d'Aâmer, fameux chef d'Arabes qui y ont demeuré ci-devant. Tous ces endroits forment le pays qu'on appelle d'*Hareté*.

Les environs de Jérusalem se nomment aujourd'hui le pays d'*El-Kods*, c'est à-dire du *Sanctuaire* ou de la Ville sainte, qui est Jérusalem, l'unique ville de ce canton, qui a environ deux cents villages. Cette ville célèbre doit être la *Cadytis* d'Hérodote, et son nom turc ou arabe la fait reconnaître. Les environs d'*Hébroun*, qui est à sept lieues au midi de Jérusalem, portent le nom du pays d'*El-Khalil* ou de l'*Ami de Dieu*, c'est-à-dire d'Abraham, dont le tombeau y est encore visité par respect par les Mahométans comme par les Chrétiens. Les dépendances de ce canton ne consistent qu'en quinze ou seize villages.

IV. Le gouvernement d'*Ageloun* comprend la partie méridionale du pays au-delà du Jourdain, nommée autrefois la *Pérée*. On y trouve *Ageloun*, château où réside le pacha; *Assalt* ou *Salt*, grand village avec un château; *Amman*, l'ancienne *Rabba*, capitale des Ammonites; *Hesbon*, qui n'a pas changé de nom; *Maab*, autrefois *Moab*, près et au midi de la rivière d'*Arnon ; Karak* , appelée du temps des croisades , *Mont-Royal* , à peu de distance du milieu de la mer Morte , que les Turcs appellent *Bahhereth-Louth* , le lac de Loth.

Il y a dans cette contrée nombre de chrétiens du rit grec , et encore plus d'Arabes , dont les principaux se nomment *Beni-Aubâyd* et *Beni-Kémané* , c'est-à-dire , les Fils d'Aubâyd et de Kémané. C'est ce qui répond aux territoires anciennement habités par les tribus de *Ruben* et de *Gad* , ainsi que par les *Ammonites* et les *Moabites*.

FIN DE LA GÉOGRAPHIE SACRÉE.

TABLE

DES CHAPITRES CONTENUS

DANS

LA GÉOGRAPHIE SACRÉE.

FIN DE LA TABLE.

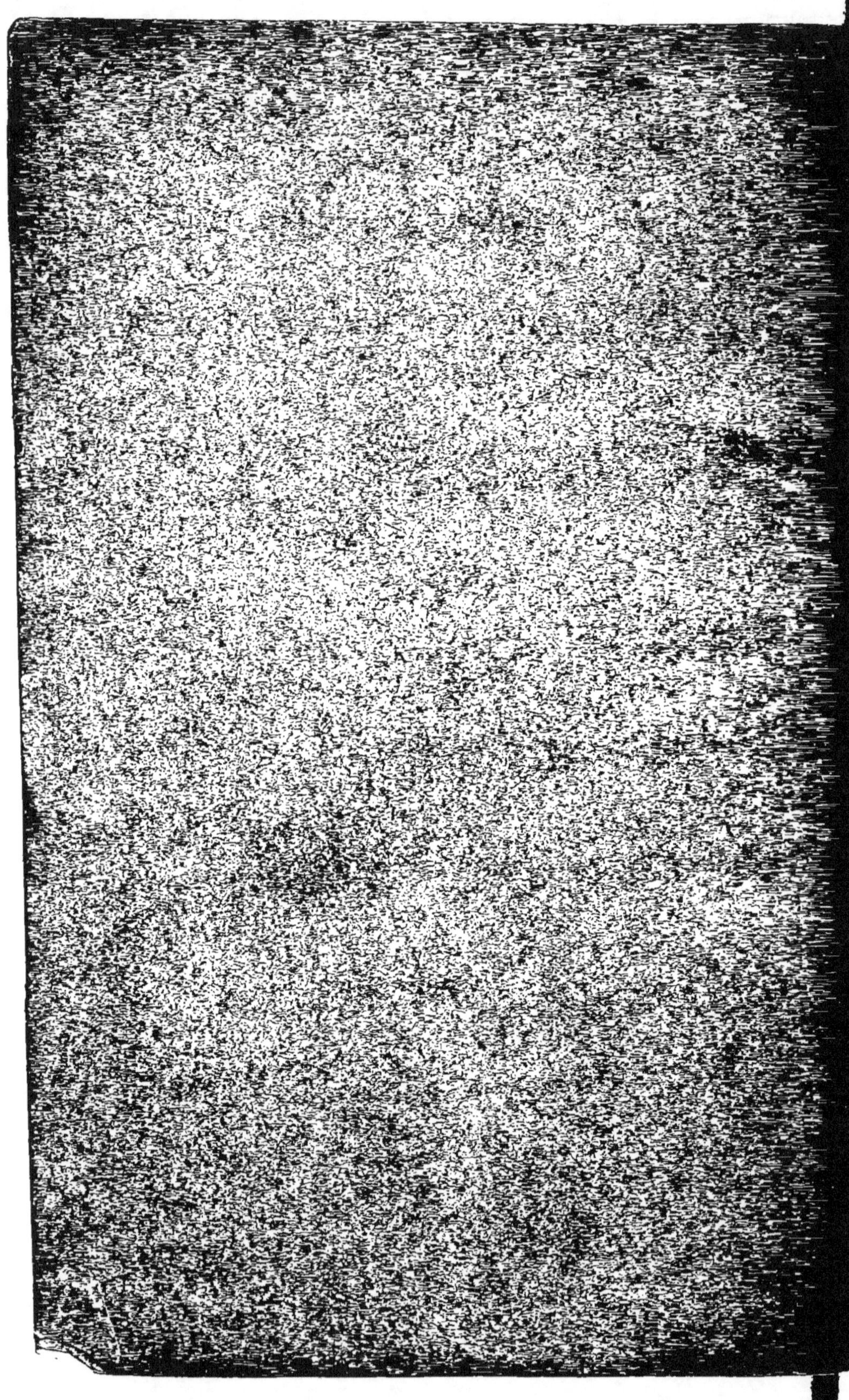